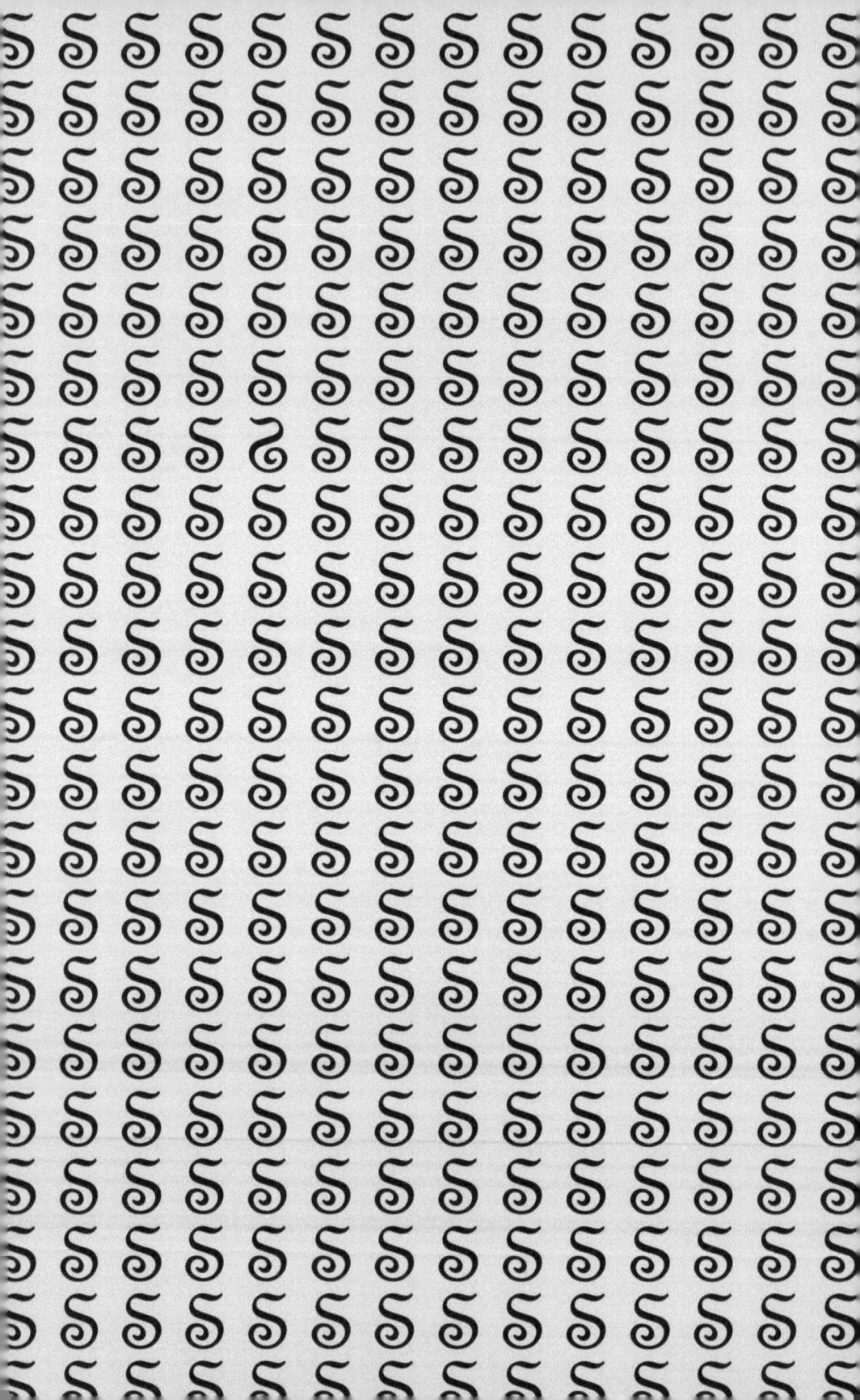

Diecisiete Sílabas para Huasco

Diecisiete Sílabas para Huasco

Le Vieux Coq

Haikus

Editorial Segismundo

S

© Editorial Segismundo SpA, 2013-2025

Diecisiete Sílabas para Huasco
Le Vieux Coq
Haikus de Le Vieux Coq, **1**

Segunda edición: Mayo 2017
(traducida al francés y al inglés)
Versión: 1.7
Copyright © 2013-2025 Le Vieux Coq

Contacto: Juan Carlos Barroux <jbarroux@segismundo.cl>
Edición: Juan Carlos Barroux Rojas
Diseño gráfico: Juan Carlos Barroux Rojas
Fotografía de la portada: Le Vieux Coq
Ilustración de la contraportada: Jean Barroux
Traductor del castellano al francés: Le Vieux Coq
Traductor del castellano al inglés: Le Vieux Coq

Registro Propiedad Intelectual N° 278.400
ISBN-13: 978-956-9544-56-9

Otras ediciones de

Diecisiete Sílabas para Huasco:

Impreso en Chile
ISBN-13: 978-956-6029-03-8

Impreso bajo demanda - Tapa Blanda
ISBN-13: 978-956-9544-56-9

eBooks y Lectores Digitales
ISBN-13: 978-956-9544-57-6

Audiolibro
ISBN-13: 978-956-9544-58-3 (Retail)
ISBN-13: 978-956-9544-59-0 (Library)

Otras obras de *Le Vieux Coq*:

Más X que Y
> – Refranero

Diecisiete Sílabas para Huasco
> – Poesía (Haiku)

Mariscadera
> – Cuentos (Eróticos y culinarios)

El Jamón del Sándwich
> – Novela (Existencialista)

Diccionario de Palabras Inventadas
> – Diccionario

Dedicatoria

A mis abuelos maternos,
don José María Moisés Rojas Sapiains
y
doña Ermelinda Caballero Gárate de Rojas,
por Huasco.

A Martín Toyé,
por el don de la mirada.

Agradecimientos

A la vida, que me ha dado tanto...

Prólogo

H uasco es un pequeño puerto, ubicado en la desembocadura del río homónimo en el océano Pacífico, en el seno de la provincia del mismo nombre en la región de Atacama, en el llamado Norte Chico de Chile. De tranquilos orígenes diaguitas y changos, con el pausado paso de corsarios, sequías, maremotos, guerras, aluviones, piratas, terremotos, episodios del Niño y años se convirtió en un pequeño fondeadero colonial abocado a la exportación de cobre.

Y así fue como el siglo XX vio a la minería convertirse en el fatal hado de Huasco, con la construcción de los muelles mecanizados de Guacolda I y II, la Planta de Pellets, las vías férreas subsidiarias, el Puerto Las Losas y las consabidas centrales termoeléctricas, sempiternas devoradoras de *petcoke*. Con la industrialización habrían de llegar los sindicatos, la polución, la electricidad, el trabajo renumerado, la contaminación, enfermedades nuevas y un cambio en la vida diaria al ritmo de los turnos.

Mis abuelos maternos son huasquinos de pura cepa. Por esa razón hijos, nietos y biznietos suyos llegan todos los años a veranear a Huasco Puerto que ni siquiera es un balneario sino un puerto industrial. Sin embargo y quizás por eso mismo, tiene ese encanto de pueblo chico de provincia en el cual no pasa nada, nunca, jamás.

Para mí eso es lo maravilloso de Huasco. Una tranquilidad imperturbable en sus ciclos. Una playa grande sin nadie, o casi nadie, que no es lo mismo pero es igual. Kilómetros de arena, entre cielo y mar, sólo compartidos con gaviotas y otros pájaros.

Las vacaciones aquí son para descansar, meditar y contemplar la vida pasar en su lento desgranar de momento tras momento. Una cámara siempre ayuda a congelar los segundos. Esos frescos instantes de la efímera naturaleza. ¿Por qué no describir lo que se siente en dicho tiempo en cristal devenido?

La simpleza del haiku (俳句) japonés, con sólo tres versos, de cinco, siete y cinco sílabas respectivamente, es ideal para intentar describir estos momentos simples de apacible verano. Y ya que estamos en estas lides, ¿por qué no hacerlo en las tres lenguas que tengo la dicha de hablar?

Dicho y hecho.

Le Vieux Coq
Huasco, 14 de mayo 2017

Las bellas flores
electromagnéticas
cambian mi Huasco.

Belles floraisons
électromagnétiques
changent mon Huasco.

Cold and beautiful
electromagnetic blossoms
change my Huasco.

119

Puertas abiertas,
destino infinito,
es todo azul.

Portes ouvertes,
la destinée infinie,
toutes sont grand bleus.

Cloudless open doors,
the unbounded destiny,
all of them are blue.

Duro recuerdo,
mil novecientos veinte
y dos; Tsunami.

Un dur souvenir,
en mille neuf cent vingt
et deux ; Tsunami.

A hard memory,
the year nineteen twenty-two;
a big Tsunami.

La nave de luz,
sin piedad, arremete
en negra noche.

Nef de lumière,
sans pitié se déchaîne
dans la nuit noire.

Brutal craft of light,
mercilessly, lunge, lashes
out, in a black night.

Luna vacía
vasijas secas rezan
por tu humedad.

Lune vide, deux
jarres sèches demandent
ton humidité.

Empty moon, two dry
vessels pray, supplicate, for
your humidity.

De erizadas
sequedades, tu prisión,
Luna, se alza.

De sécheresses
hérissées, votre prison,
Lune, se hausse.

Starting from bristling
aridity, your prison,
Moon, rises endless.

Blanco meado
puro, limpio, tóxico,
en tus pulmones.

La blanche pisse ;
pure, propre, toxique,
remplit tes poumons.

The whitish piss falls
unsoiled, spotless and toxic,
filling all your lungs.

Guacolda, eres
el humo, vapor, éter,
nube y cáncer.

Guacolda, tu es
gaz, fumée, vapeur, éther,
nuage et cancer.

Guacolda, you
are the smoke, vapor, ether,
gas, cloud and cancer.

Humo que sube,
fósforo por arder, tal
futuro tienes.

Fumée qui monte,
allumette à brûler,
c'est ton avenir.

Smoke rising, matchstick
ready to burn, such is your
not so bright future.

Frente al mar, la
Virgen, azul, reza por
la corta vida.

Bord de mer, une
Vierge, toute bleue, prie pour
cette courte vie.

Facing the sea, the
Virgin, all blue, prays for us
in this too short life.

El inmenso mar
con canto de sirena
a unos llama…

C'est la vaste mer.
Son chant des sirènes à
certains appelle…

To some calls, summons,
the vast and infinite sea,
with song of sirens…

Bello flamboyán,
cruzando tierra, mar y
cielo, destacas.

Splendide flamboyant
traversant terre, mer et
ciel, vous excellez.

Splendid flamboyant,
crossing land, sea and blue sky,
you stand out, alone.

Quiltro huacho, en
tus contemplaciones, ¿qué
vías tanteas?

Clébard bâtard, dans
vos contemplations, quelles
voies étudiez-vous ?

Mongrel dog, in your
daydream, which way, track, bearing,
or course to appraise?

En la playa, de
la muerte blanca estás
libre, lobito.

Tu es bien libre,
petit phoque ensablé,
de la mort blanche.

You are wholly free
from the white death, little seal,
on the sandy beach.

Medusa, sola,
mi corazón de piedra,
no se conmueve.

Méduse, seule,
mon cœur de pierre ne se
bouleverse pas.

Medusa, alone,
my heart of stone is not moved,
in the gentle sand.

Gran pelícano,
¿qué hiciste en vida?
¿Volar? ¿Mendigar?

Large pélican,
qu'avez-vous fait dans la vie ?
Voler ou mendier ?

Thy great pelican,
what have you done with your life?
Fly? Grovel? Scrounge? Beg?

Pisadas, en la
arena. ¿Caminaste?
Mejor es volar.

Empreintes sur le
sable. Avez-vous marché ?
Mieux est de voler.

Footprints on the sand.
Did you crawl, walk, hike or run?
Better is to fly.

Biografía del autor

L e Vieux Coq es un viejo fauno sibarita dedicado a gozar de las cosas buenas de la vida; la buena mesa, los buenos libros, el buen vino y la sobremesa bien conversada con bellas mujeres. Un vividor obsesivo, compulsivo, apasionado coleccionista de instantes, sonrisas, momentos, besos, vinos, comidas, frases, caricias y palabras, quien a lo largo de su atribulada existencia ha acumulado infinidad de recetas e historias, las cuales ha empezado a contar.

Tabla de materias

Colofón

Liber hic mechanice impressus, nescimus ubi vel quando, a robot aliquo impresso postulato dicato. Unde impossibile est nobis significare quot codices moderni producti sint, vel quot in futuro producti sint. Speramus charta cocta et operculum cardboard coloratum polylaminatum adhibitum esse, cum ligamine rustico per hotmelt. Saltem certi sumus Book Antigua typographic fontem usos esse, variis magnitudinibus et variantibus, pro plerisque interioribus eius.

ꕷ

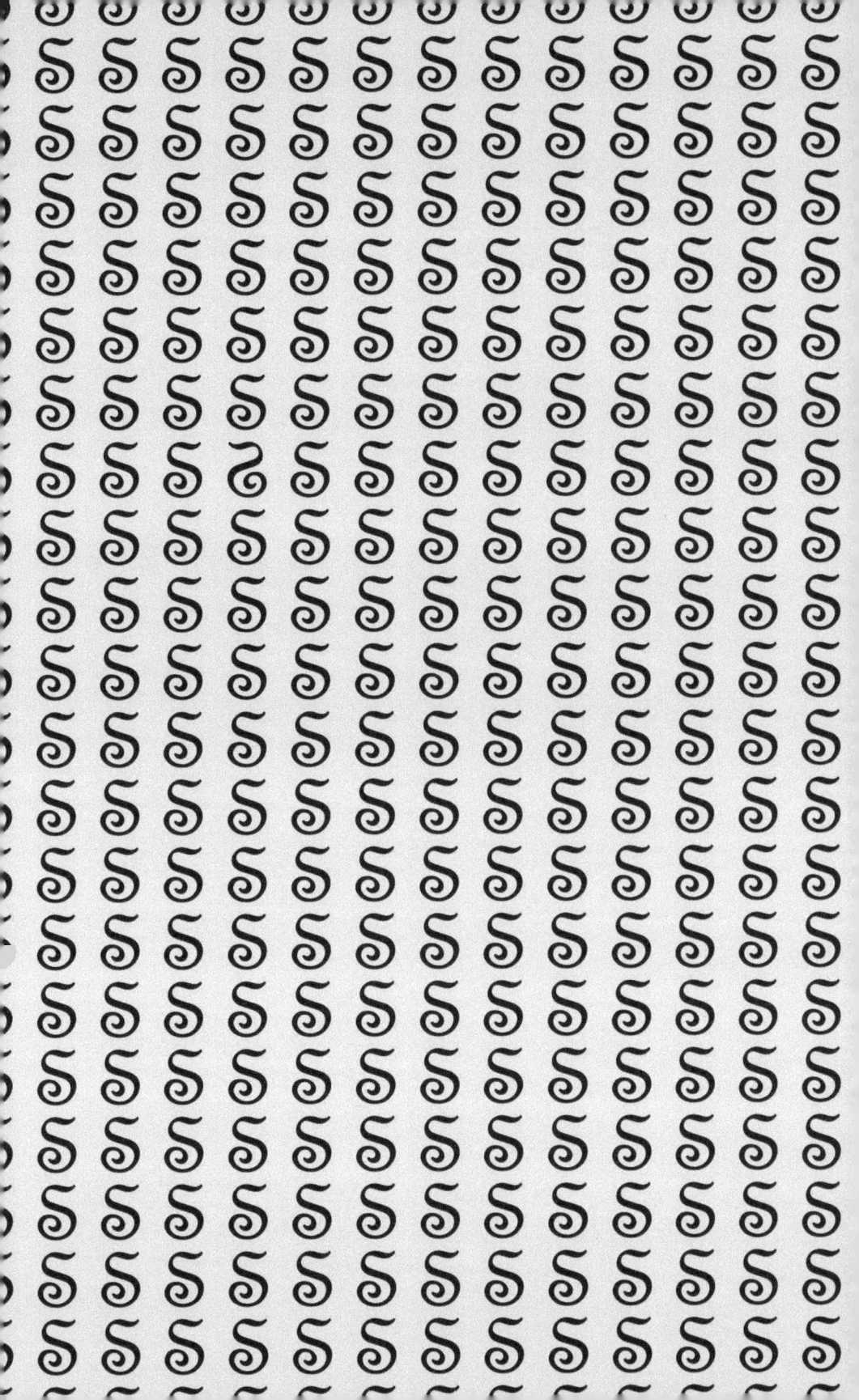

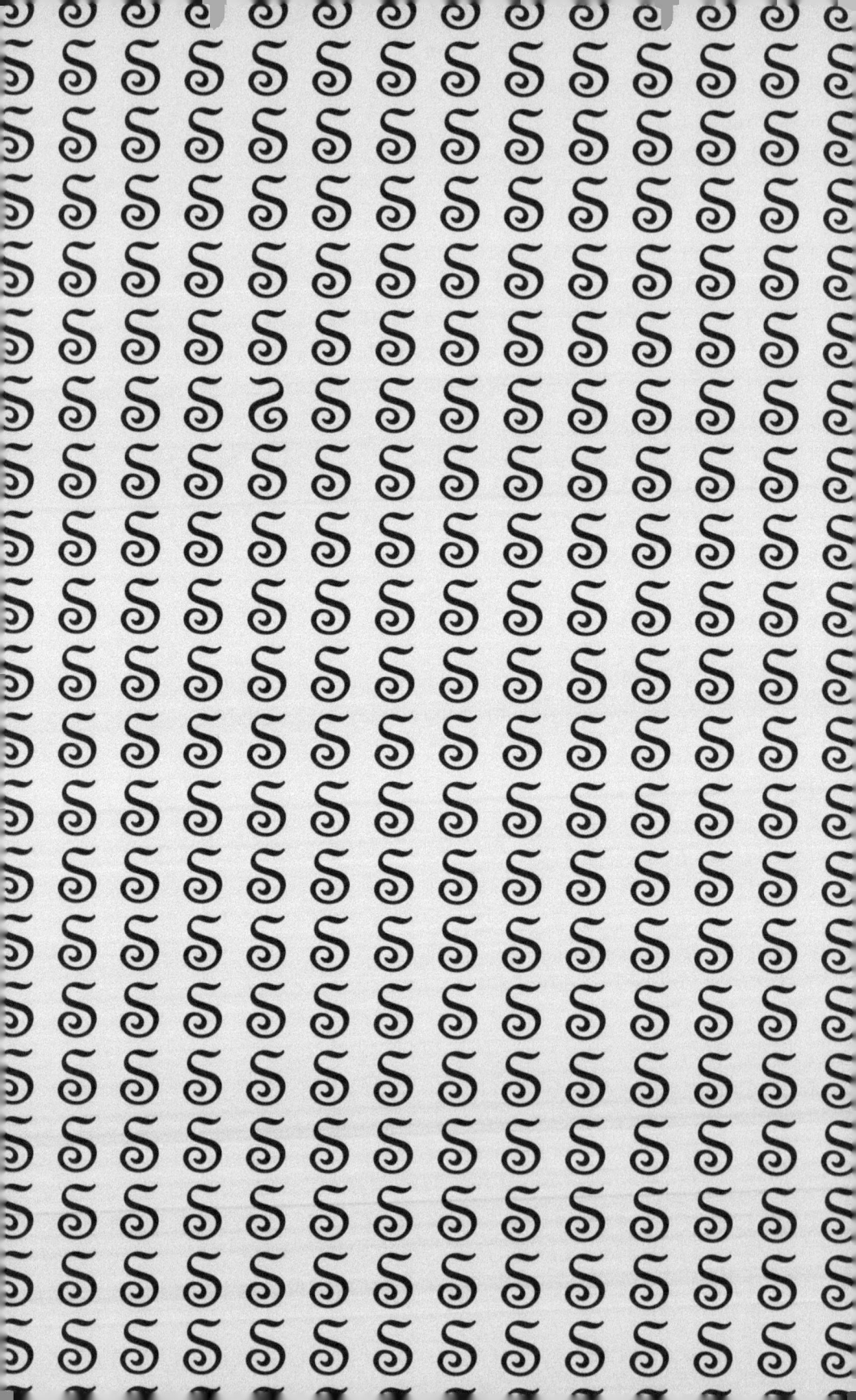

www.ingramcontent.com/pod-product-compliance
Lightning Source LLC
Chambersburg PA
CBHW041359090426
42741CB00001B/19